Matti Airola

Zöpfe flechten

Die schönsten Flechtfrisuren für Mädchen

Inhalt

Vorwort

ES BRACH MIR DAS HERZ, als mich die damals 5-jährige Maisa vor zwei Jahren fast täglich fragte: „Kann Johanna kommen, um mir einen französischen Zopf zu machen?" Johanna ist eine Bekannte der Familie, die Maisa einige Male einen Zopf geflochten hatte. Meistens musste ich dann antworten, dass Johanna nicht jeden Tag zu uns kommen kann, nur um ihr und ihrer Schwester die Haare zu flechten.

Dann dachte ich mir: so schwer kann das doch nicht sein. Eines Abends, als die Mädchen schon schliefen, gab ich im Internet in die Suchmaschine „französischer Zopf für Anfänger" ein. Nach ein, zwei Stunden des Studierens und Staunens legte ich mich ins Bett und wartete auf den Morgen. Die Freude von Maisa und Kerttu war riesengroß, als ich am Frühstückstisch fragte: „Was haltet ihr davon, wenn Papa euch französische Zöpfe flicht?" Das Beste am Flechten war von Anfang an, dass das Publikum nicht sehr anspruchsvoll war. Nach Meinung der Mädchen sahen die Zöpfe immer unglaublich toll aus, wenn Papa ihnen die Haare flocht. Anfangs waren die Zöpfe sicher nicht so gerade, wie sie hätten sein können, aber das war Nebensache. Das Flechten wurde zum gemeinsamen Hobby von Papa und den Mädchen.

Zu Beginn bestand mein Repertoire nur aus dem französischen und dem holländischen Zopf, aber im Herbst 2014 eröffnete sich mir eine völlig neue Welt, nachdem ich mir ein Konto bei Instagram zugelegt hatte. Maisa und Kerttu sind jetzt 7 und 4 Jahre alt und ihre Zöpfe werden oft zweimal am Tag geflochten: Am Morgen, zum Start in den neuen Tag, aber oft auch am Abend. Für die Mädchen sind Papa – oder Mutti, Oma, Opa, Schwester, Bruder oder Pate – präsent, wenn die Haare zu verschiedenen Knoten gedreht werden. Das ist viel besser als allein in der Couchecke zu sitzen. Beim Flechten kann man zum Beispiel gemeinsam fernsehen oder darüber reden, wie der Tag war.

Wenn Sie dieses erste finnische Flechtbuch gelesen haben, werden Sie sich garantiert für Zöpfe begeistern! Wenn Ihnen eine Zopfkreation gelingt und Sie ein Foto mit anderen teilen möchten, dann fände ich es toll, wenn Sie es uns zeigen. Schicken Sie es an @isijatytot oder verwenden Sie #isijatytot oder #huishommat.

Viel Spaß beim Flechten!

Matti Airola
Haargeschichten von Papa und seinen Mädchen
@isijatytot (Instagram & Facebook)

Über die Zöpfe in diesem Buch

ZÖPFE SIND BEI MÄDCHEN schon immer in Mode, aber sie liegen auch bei Erwachsenen voll im Trend. Außerdem kann jeder lernen, Zöpfe zu flechten und noch dazu sind sie immer ein Hingucker!

In diesem Buch werden dreißig verschiedene Flechtfrisuren vorgestellt. Die Anleitungen sind in fünf verschiedene Kapitel unterteilt. Im ersten Kapitel geht es um französische und holländische Zöpfe, auf denen die meisten Zöpfe basieren. Bei den Pferdeschwanzzöpfen im zweiten Kapitel handelt es sich um einfache und schnell gemachte Frisuren, während es im dritten Kapitel schon mit komplizierteren vier- und fünfteiligen Zöpfen weitergeht, die etwas mehr Fingerfertigkeit erfordern. Im vierten Kapitel bringen Bänder Farbe und Pfiff in die Zöpfe. Im letzten Kapitel werden verschiedene vom Basiszopf abweichende festliche Frisuren gezeigt, vom Wasserfallzopf bis zum Haarknoten mit Schleife.

Wenn es ein französischer oder holländischer Zopf sein soll, kann man die Seiten des Buches ganz nach eigenem Belieben durchblättern. Sie können mit den verschiedenen Styles experimentieren, sie üben und testen. Zudem können Sie die Styles mit verschiedenen Outfits ausprobieren und wechseln, wenn das Ganze nicht zusammenpasst.

Das Flechten der Zöpfe, die in diesem Buch gezeigt werden, kann zwischen fünf Minuten und einer halben Stunde dauern. Am schnellsten gehen die Pferdeschwanzzöpfe und am schwierigsten und zeitaufwendigsten ist wahrscheinlich der fünfteilige Zopf mit Band.

Was man für die Zöpfe braucht

BEIM FLECHTEN kommt man mit wenigen Accessoires aus. Ein einfacher Haargummi reicht schon, aber hier sind auch einige andere nützliche Utensilien aufgeführt. Zopfbänder werden im Kapitel Zöpfe mit Bändern auf Seite 65 ausführlicher vorgestellt.

BÜRSTEN UND KÄMME. Damit das Flechten problemlos verläuft und die Frisur möglichst ordentlich wird, müssen die Haare sorgfältig gekämmt oder gebürstet werden. Tangle Teezer hat mit der Erfindung der Entwirrbürste (1) der Welt einen großen Dienst erwiesen. Sie ist eine unschlagbare Hilfe für Haare, die auch nur ein Stückchen über die Ohren gehen. Die Entwirrbürste hat kurze, flexible Borsten, die keine Haare ausreißen und sich nicht verfangen. Mit ihr lassen sich auch nasse Haare entwirren. Der Afrokamm (2) oder ein anderer Zinkenkamm ist ein wichtiges Utensil, um die Haare zu scheiteln und zu teilen.

HAARGUMMIS sind bei allem Flechtfrisuren unverzichtbar. Auf dem Foto sind feste Haargummis (3) abgebildet, die sich besonders für das Zusammenbinden von Pferdeschwänzen eignen, ebenso wie der spiralförmige Haargummi (4), der wie die Schnur eines Telefons aus alten Zeiten aussieht. Er sitzt gut und hält das Haar wie die traditionellen Haargummis zusammen. Die mittelgroßen Haargummis (5) sind für das Zusammenbinden dünnerer Haarpartien und bei kleinen Mädchen auch für den Pferdeschwanz geeignet. Die kleinen durchsichtigen oder haarfarbenen Haargummis (6) eignen sich besonders für Zöpfe, bei denen der Gummi nicht zu sehen sein soll oder sich die restlichen Haare mit den anderen Haaren vermischen.

STYLING- UND PFLEGEPRODUKTE. Um zu vermeiden, dass sich die Haare elektrostatisch aufladen, können sie vor dem Flechten angefeuchtet werden. Manche verwenden dafür Salzwassersprays oder andere Styling-Produkte, aber die beste Alternative ist ein Pflegeprodukt (7), das in die Haare gesprüht und nicht ausgewaschen wird. Vor allem bei Kindern sind parfümfreie Produkte zu empfehlen, die das Allergiesiegel tragen. Festliche Frisuren können mit Haarspray (8) fixiert werden. Im Alltag und beim wiederholten Flechten sollte auf Styling-Produkte verzichtet werden, Pflegeprodukte können aber öfter verwendet werden.

HAARSCHMUCK. SCHLEIFEN (9) und andere Haaraccessoires verfügen in der Regel über einen Mechanismus, der einfach im Haar befestigt werden kann. Mit Haarschmuck lassen sich der Haargummi oder die Stelle, an der der Zopf zusammengebunden wird, geschickt verstecken. Der Haarschmuck bringt Farbe in die Frisur und verleiht ihr ein festliches Aussehen. Anstelle von vorgefertigten Schmuckelementen können auch echte Blumen oder verschiedene Bänder verwendet werden.

Clips (10) sind nützliche Accessoires für Frisuren, bei denen die Haare exakt abgeteilt werden müssen. Ein halbes dutzend Clips bekommt man schon für ein paar Euro, auch wenn sie recht professionelle Hilfsmittel sind. Mit den Clips lassen sich die Haarpartien prima abteilen, die noch nicht mit eingeflochten werden sollen.

Das **Haarlasso** oder **Topsy Tail** (11) ist ein tolles Hilfsmittel für Zöpfe, die mit Band geflochten werden. In viele Haar-Styles darf und kann im Nachhinein ein Band eingefädelt werden, und das funktioniert am besten mit einem kleinen Haarlasso, aber auch mit einem großen Haarlasso klappt das hervorragend. Größere Haarlassos sind bei Knotenzöpfen sehr hilfreich.

In den Flechtanleitungen sind die Accessoires mit folgenden Symbolen gekennzeichnet:

kleiner durchsichtiger oder haarfarbener Haargummi

Haargummi (alle Arten)

Haarlasso

Clips

Haarschmuck

Band

Klemmen

So geht's los

DAS SCHÖNE AM FLECHTEN ist, dass man es fast überall machen kann und dafür keine größeren Vorkehrungen treffen muss. Die Haare können sofort nach dem Duschen handtuchtrocken geflochten werden, wobei sie als Zugabe nach dem Trocknen wellig werden, oder auch, wenn die Haare nicht mehr ganz sauber sind. Zur Vorbereitung reichen ein Haargummi und durchgekämmte Haare. Schwierig ist es oft, wenn an den Haarspitzen Knötchen sind, die ständig aneinander kleben. Als allgemeiner Tipp und Grundsatz beim Flechten gilt: fest, aber nicht zu fest. Die zu flechtenden Strähnen sollten fest in der Hand gehalten werden, dürfen aber nicht ziepen und reißen. Flechten soll allen Beteiligten Spaß machen!
Wenn Sie noch nie einen Zopf geflochten haben, dann sollten Sie die Flechttechnik zunächst nach der Anleitung für einen traditionellen dreiteiligen Zopf erlernen und dann zum französischen Zopf übergehen. Man beginnt, indem die Haare zunächst zu einem Pferdeschwanz gebunden werden, oder direkt mit den offenen Haaren am Nacken, wie es in den nachfolgenden Schritten beschrieben wird.

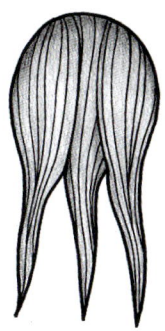

1 Teilen Sie die Haare in drei
gleich große Strähnen.

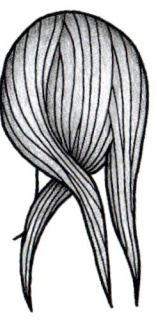

2 Führen Sie die linke Strähne
über die mittlere.

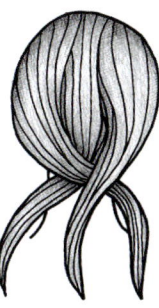

3 Führen Sie die rechte Strähne
über die mittlere.

4 Wiederholen Sie das im
Wechsel, indem Sie immer
die äußere Strähne über die
mittlere führen.

5 Zum Schluss befestigen
Sie den Zopf mit einem
Haargummi.

TIPP

*Bevor mit dem Zopf begonnen wird, sollten die Haare vom Scheitel aus gleichmäßig gekämmt wer-
den, damit das Endergebnis schön ordentlich wird. Halten Sie mit der einen Hand alle Haare fest
und kämmen Sie mit der anderen Hand in die Richtung, in der der Zopf beginnen soll.*

Französische und holländische Zöpfe

ie französischen und holländischen Zöpfe werden nach demselben Prinzip geflochten. Dabei werden die Haare nach und nach in den Zopf eingeflochten, wobei der Zopf am Kopf anliegt. Diese Techniken müssen sorgfältig erlernt werden, denn die meisten Flechtfrisuren basieren auf dem französischen bzw. holländischen Zopf.

In diesem Kapitel zeigen wir, wie französische und holländische Zöpfe geflochten werden, sowie deren verschiedene Varianten. Außerdem verraten wir einen tollen kleinen Trick, mit dem aus einem holländischen Zopf ein voluminöser und großer Zopf wird, auch wenn die zu flechtenden Haare etwas dünner sind.

Französischer Zopf

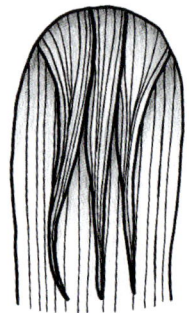

1 Teilen Sie vom Scheitel eine Partie ab und unterteilen Sie sie in drei Strähnen.

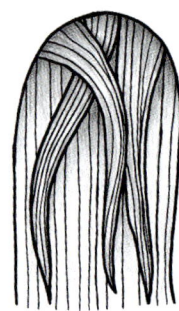

2 Führen Sie die linke Strähne über die mittlere.

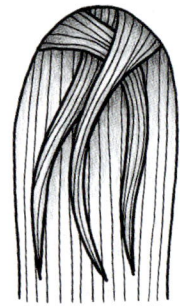

3 Führen Sie die rechte Strähne über die mittlere.

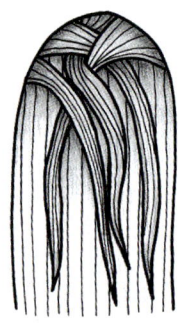

4 Anschließend beginnen Sie damit, weitere Haare hinzuzunehmen. Wiederholen Sie Schritt 2 und 3 und nehmen Sie Haare oberhalb des Ohres dazu.

5 Wiederholen Sie das Muster, indem Sie immer Haare in die zu flechtende Strähne hinzunehmen. Wiederholen Sie den Schritt, bis alle Haare in den Zopf eingeflochten sind.

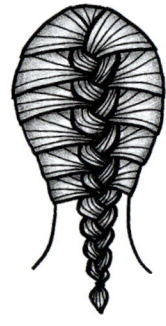

6 Flechten Sie den Zopf bis zum Schluss oder binden Sie ihn mit einem Haargummi zum Pferdeschwanz.

TIPP

Der französische Zopf wird oft so geflochten, wie in der Anleitung beschrieben, also vom Scheitel bis zum Nacken. Manchmal jedoch kann es einfacher sein, einen Scheitel in der Mitte zu ziehen und von der Mitte bis zum Ohr zu flechten. Wird in diese Richtung geflochten, müssen die Haare nicht entgegen ihrer Wuchsrichtung gezogen werden. Wenn auf beiden Seiten des Kopfes ein Zopf geflochten wird, hat man schon seine erste Flechtfrisur fertig!

Holländischer Zopf

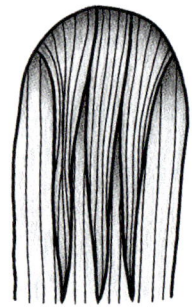

1 Teilen Sie eine Partie vom Scheitel ab und unterteilen Sie sie in drei Strähnen.

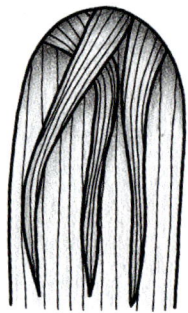

2 Führen Sie die linke Strähne unter die mittlere.

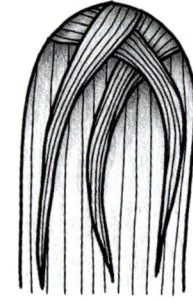

3 Führen Sie die rechte Strähne unter die mittlere.

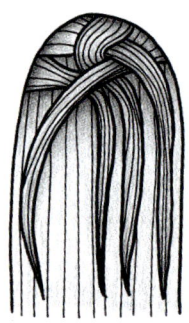

4 Wiederholen Sie die Schritte 2 und 3 und nehmen Sie Haare von oberhalb des Ohres dazu.

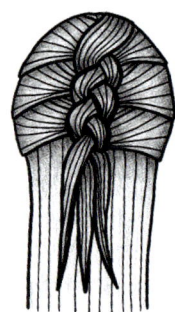

5 Flechten Sie den Zopf in Richtung Nacken und neh-men Sie immer Haare dazu, bis alle Haare in den Zopf eingeflochten sind.

6 Flechten Sie den Zopf bis zum Schluss auf dieselbe Weise nach unten oder binden Sie ihn mit einem Haargummi zum Pferdeschwanz.

TIPP

Für einen holländischen Zopf können die Haare aus alles Richtungen hinzugenommen werden: vom Scheitel zum Nacken oder zum Beispiel schräg oberhalb des Ohres bis zur anderen Seite, so wie bei Kerttu auf dem Foto.

Holländischer Pancake-Braid

Einen Pancake-Braid kann man auch aus vielen anderen Zöpfen flechten, zum Beispiel aus allen Zöpfen, die zu einem Pferdeschwanz gebunden werden, aber am einfachsten ist es, mit dem holländischen Zopf zu beginnen.

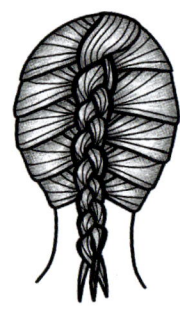

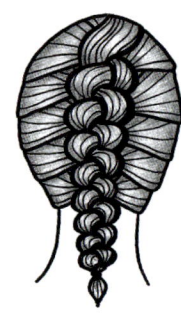

1 Flechten Sie zunächst einen holländischen Zopf, wie es auf Seite 20 gezeigt wird. Befestigen Sie den Zopf aber noch nicht mit einem Gummiband.

2 Halten Sie das Zopfende mit der einen Hand fest und ziehen Sie die geflochten Partien vom äußeren Rand her auseinander, damit sie größer und voluminöser aussehen. Beginnen Sie am Ende des Zopfes und enden Sie an seinem Ansatz.

3 Befestigen Sie den Zopf zum Schluss mit einem Haargummi.

TIPP

Sie können den Zopf so weit auseinanderziehen, wie Sie möchten: Der Style wird aufgelockerter, je mehr geflochtene Haarpartien Sie herausziehen. Dabei braucht man jedoch Geduld. Möglicherweise müssen Sie den Zopf mehrere Male von den Spitzen bis zum Ansatz durchgehen, denn wenn Sie an den Rändern ziehen, kann die darunterliegende bereits geflochtene Strähne spannen. Wenn der Zopf sehr lang wird, kann man zum Beispiel, wenn die Hälfte geflochten ist, schon am ersten Teil des Zopfes ziehen, damit die Haare nicht über die gesamte Länge des Zopfes gezogen werden müssen.

Halber französischer Zopf

1 Beginnen Sie an der Schläfe oberhalb des Ohres mit dem Flechten. Teilen Sie eine Partie ab und teilen Sie sie in drei Strähnen.

2 Führen Sie die oberste Strähne über die mittlere, ohne Haare hinzuzunehmen.

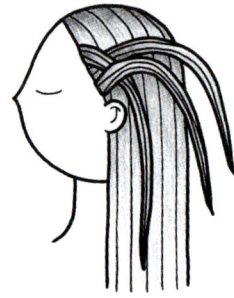

3 Führen Sie die unterste Strähne über die mittlere, ohne Haare hinzuzunehmen.

4 Führen Sie wieder die oberste Strähne über die mittlere, nehmen Sie aber von der Scheitelseite Haare dazu.

5 Wiederholen Sie das Muster, indem Sie nur von oben Haare hinzunehmen.

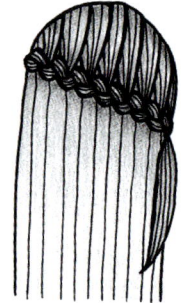

6 Wenn Sie das andere Ohr erreicht haben, fixieren Sie den Zopf mit einem kleinen durchsichtigen oder haarfarbenen Haargummi.

TIPP

Bei einem halben französischen Zopf werden die Haare, wie der Name sagt, nur auf der einen Seite hinzugenommen. Das lässt sich auch mit einem holländischen Zopf machen, wie auf dem Foto rechts zu sehen ist. Und auf welcher der beiden Seiten auch immer, die Haare können also genauso gut von oben und auch von unten hinzugenommen werden. Sie können auch probieren, zwei- oder auch drei in dieselbe Richtung gehende halbe französische Zöpfe parallel zu flechten, indem Sie nur von der oberen Seite Haare hinzunehmen. Der Zopf kann auch nur mit den Stirnhaaren geflochten werden, was auch kurzes Haar belebt.

Herzzopf

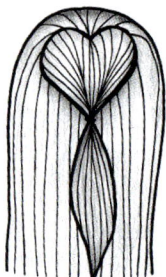

1 Teilen Sie die Haare exakt in Form eines Herzes ab und befestigen Sie die Haare innerhalb des Herzes mit einem Clip oder Haargummi.

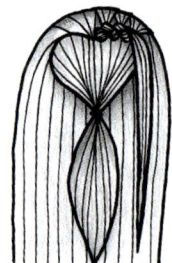

2 Zunächst wird der eine Herzbogen geflochten. Beginnen Sie am Mittelpunkt des Herzens mit einem halben französischen Zopf (Seite 24-25) möglichst dicht am Scheitel. Nehmen Sie wenige Haare vom äußeren Rand des Herzens dazu.

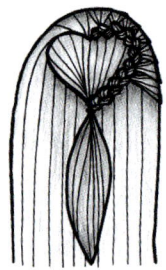

3 Wenn Sie die Höhe des Ohres erreicht haben, können Sie aufhören, Haare hinzuzunehmen. Flechten Sie aber so lange, bis der Zopf bis an die untere Spitze des Herzens reicht. Befestigen Sie ihn mit einem kleinen Haargummi.

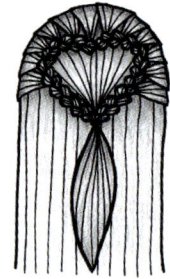

4 Verfahren Sie bei dem anderen Bogen auf dieselbe Weise. Fixieren Sie zum Schluss beide Zöpfe mit einem Haargummi und binden Sie die Haare im Inneren des Herzens zum Pferdeschwanz.

Beim Flechten eines Herzzopfes empfiehlt es sich, kleine zu flechtenden Partien zu nehmen und wenige Haare hinzuzunehmen. Dadurch ist es einfacher der Abgrenzung zu folgen, und die Bögen werden sauberer.

Kreuz-und-quer-Zopf

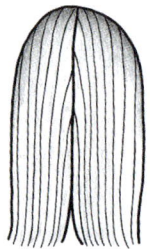

1 Ziehen Sie einen Mittelscheitel.

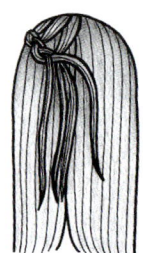

2 Beginnen Sie oberhalb des linken Ohres mit einem holländischen Zopf bzw. führen Sie drei Partien unter die mittlere Strähne, nehmen Sie die Haare für den Zopf aber nur von oben.

3 Flechten Sie den Zopf weiter bis zu der Stelle, an der sich die Zöpfe kreuzen sollen. Wenn Sie den Kreuzpunkt erreicht haben, fixieren Sie den Zopf vorübergehend mit einem Clip oder Haargummi.

4 Beginnen Sie oberhalb des rechten Ohres auf dieselbe Weise mit dem Flechten bis Sie denselben Punkt erreichen. Flechten Sie den Zopf über oder unter den vorhandenen Zopf.

5 Nehmen Sie hinter dem Kreuzpunkt Haare sowohl von oben als auch von unten für den Zopf dazu, achten Sie aber darauf, dass Sie keine Haare von der falschen Seite des Scheitels nehmen. Flechten Sie den Zopf bis zu den Spitzen und befestigen Sie ihn mit einem Haargummi.

6 Flechten Sie den Zopf, der auf dem Kreuzpunkt liegt, entsprechend der Anleitung im vorherigen Schritt bis zum Ohr weiter.

TIPP

Haarclips, die nicht an den Haaren halten, sind bei dieser Frisur wirklich von Nutzen. Mit den Clips können die abgeteilten Partien getrennt voneinander und der fertig geflochtene Teil für einen Moment einfach an die Seite gelegt werden.

Holländischer Haarkranz

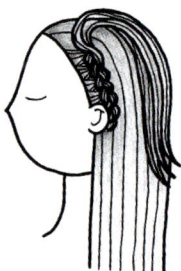

1 Teilen Sie hinter dem Ohr möglichst von unten eine Partie ab und unterteilen Sie sie in drei Strähnen.

2 Beginnen Sie mit dem Flechten eines holländischen Zopfes bzw. führen Sie die Strähnen unter die mittlere Strähne. Flechten Sie hinter dem Ohr weiter in Richtung Scheitel. Fügen Sie beim Flechten nur Haare von der Gesichtsseite hinzu.

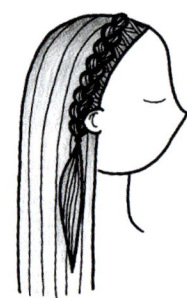

3 Wenn Sie am Scheitel angelangt sind, flechten Sie in derselben Reihe weiter nach unten bis hinter das Ohr.

4 Binden Sie den Rest der Haare zum Beispiel mit einem kleinen durchsichtigen oder haarfarbenen Haargummi zusammen.

5 Der fertige Zopf bildet einen Haarkranz.

Wenn Sie keinen ganz kleinen Haargummi haben, können Sie natürlich auch einen herkömmlichen Haargummi verwenden. Nach dem Befestigen der Haare können Sie Schleifen oder Blumenschmuck, die mit Clips versehen sind, in die Haare stecken.

Pferde-
schwanz-
zöpfe

Der Pferdeschwanz ist bei vielen, die es morgens eilig haben, die ideale Lösung. Der Pferdeschwanz kann neben dem traditionellen Zopf durch viele Dinge aufgepeppt werden. Und das Beste ist, man braucht nicht unbedingt mehr Zeit.

In diesem Kapitel zeigen wir unter anderem, wie man schnell einen traditionellen Zopf aus vier Teilen, im Handumdrehen einen Knotenzopf oder einen trendigen Fischgrätenzopf flechten kann. Außerdem zeigen wir, wie ein Fischgrätenzopf einen lässigen bzw. Messy-Look bekommt. Fast alle Zöpfe können auch direkt am Nacken bzw. zum Teil auch ohne Pferdeschwanz geflochten werden. Dadurch werden die Zopfansätze etwas lockerer und lässiger.

Lässiger Viererzopf

1 Binden Sie die Haare mit einem Haargummi zum Pferdeschwanz. Teilen Sie die Haare in vier Strähnen, wobei die zweite von links ein wenig dünner ist als die anderen.

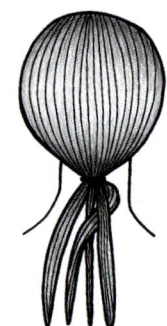

2 Führen Sie die rechte Strähne zunächst unter die danebenliegende Strähne und danach noch über die nächstfolgende. Somit befindet sie sich auf der zweiten Position von links.

3 Führen Sie die linke Strähne zunächst über die danebenliegende Strähne und danach noch unter die nächstfolgende. Somit befindet sie sich auf der zweiten Position von rechts.

4 Wiederholen Sie das Muster bis zu den Spitzen.

5 Ziehen bzw. zupfen Sie die äußeren Strähnen auseinander, sodass sie größer und voluminöser werden. Binden Sie die Enden zum Schluss mit einem Gummiband zusammen.

TIPP

Aus dem vierteiligen Zopf lässt sich auch ein schicker Knoten machen. Versuchen Sie, den fertigen Zopf zusammenzurollen und mit Klemmen festzustecken.

Knotenzopf

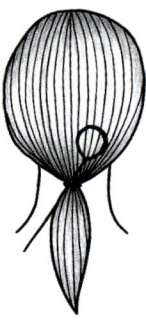

1 Binden Sie die Haare mit einem Haargummi zum lockeren Pferdeschwanz. Nehmen Sie ein Haarlasso und stecken Sie es von oben mit dem spitzen Ende bis zur Hälfte durch die Haare.

2 Nehmen Sie mit einem Haargummi die zum Pferdeschwanz gebundenen Haare auf und schieben Sie sie von unten durch die Schlaufe des Haarlassos hindurch.

3 Ziehen Sie das Haarlasso und die Haare vorsichtig nach unten durch die Haare hindurch. Ziehen Sie den Haargummi etwas fester, falls er sich gelockert haben sollte.

TIPP

Das Haarlasso ist bei vielen Flechtfrisuren ein hervorragendes und günstiges Utensil, dessen Anschaffung ich nur empfehlen kann. Einen Knotenzopf kann man jedoch auch ohne Haarlasso machen. Lockern Sie mit den Fingern den Pferdeschwanz von unten und ziehen Sie die Haare durch.

3D-Zopf

1 Binden Sie die Haare zum Pferdeschwanz. Teilen Sie die Haare in vier gleich große Strähnen.

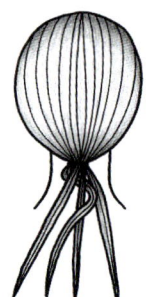

2 Führen Sie die linke Strähne unter zwei Strähnen und sofort über eine Strähne zurück, sodass sich die Strähne an zweiter Position von links befindet.

3 Führen Sie die rechte Strähne unter zwei Strähnen und sofort über eine Strähne zurück, sodass sich der Strang an zweiter Position von rechts befindet.

4 Wiederholen Sie das Muster bis zu den Spitzen. Befestigen Sie den Zopf mit einem Haargummi.

TIPP

Der 3D-Zopf macht den Pferdeschwanz zu einem wirklich stylischen Hingucker. Von weitem sieht der Zopf wie ein ganz gewöhnlicher Zopf aus, aber aus der Nähe betrachtet kommt seine dreidimensionale Form voll zur Geltung.

Kordelzopf

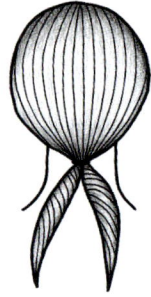

1 Binden Sie die Haare mit einem Haargummi zum Pferdeschwanz. Teilen Sie die Haare in zwei gleich große Strähnen.

2 Drehen Sie beide Strähnen mit der Hand etwa einmal nach rechts.

3 Wechseln Sie gleichzeitig die Position der Stränge in Ihrer Hand, sodass der rechte Strang über dem linken liegt.

4 Wiederholen Sie die Schritte 2 und 3 so oft, bis Sie bis zu den Haarspitzen kommen. Denken Sie daran, die Stränge immer in die gleiche Richtung zu drehen. Befestigen Sie sie zum Schluss mit einem Haargummi.

Wichtig ist, die Stränge des Zopfes zu drehen, denn ohne das Drehen wird der Zopf lose oder dreht sich fast wieder ganz auf. Ein etwas lockerer Kordelzopf eignet sich hervorragend für lockere Anlässe. Damit der Zopf insgesamt verzwirbelt, ist es entscheidend, dass die Strähnen umeinander in verschiedene Richtungen gedreht werden.

Ungleichmäßiger Dreierzopf

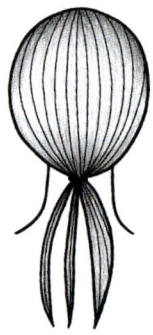

1 Binden Sie die Haare mit einem Haargummi zum Pferdeschwanz. Teilen Sie die Haare so in drei Strähnen, dass ein Strang sehr dick ist und zwei ganz dünn sind.

2 Flechten Sie einen normalen Zopf bzw. führen Sie die äußeren Strähnen abwechselnd über die mittlere Strähne.

3 Wiederholen Sie das Muster bis zu den Haarspitzen.

4 Ziehen Sie den dicken Strang am Rand auseinander, indem Sie ihn richtig breit ziehen, und befestigen Sie den Zopf mit einem Haargummi.

TIPP

Der Name des ungleichmäßigen dreiteiligen Zopfes heißt auf Englisch loony braid. Direkt übersetzt bedeutet das „ein etwas irrer Zopf". Das klingt lustig und ist dem Namen nach ein verrückter Stil. Je mehr an der dicken Strähne auseinandergezogen wird, desto witziger sieht der Zopf aus.

Fischgrätenzopf

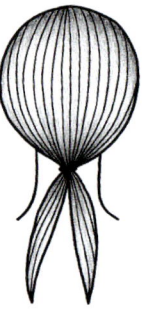

1 Binden Sie die Haare mit einem Haargummi zum Pferdeschwanz. Teilen Sie die Haare in zwei gleich große Strähnen.

2 Nehmen Sie vom äußeren Rand der linken Strähne ein ganz kleines Bündel Haare und führen Sie es zur anderen Strähne. Nehmen Sie es mit der Strähne zusammen, sodass Sie sich nicht mehr darum kümmern müssen.

3 Nehmen Sie vom äußeren Rand der rechten Strähne ein ganz kleines Bündel Haare und führen Sie es zur anderen Strähne.

4 Wiederholen Sie das Muster. Dabei kann der Zopf zwischendurch festgezogen werden, indem die zwei Strähnen auseinandergezogen werden.

5 Wiederholen Sie das Muster bis zu den Spitzen und befestigen Sie den Zopf mit einem Haargummi.

TIPP

Der Fischgrätenzopf ist kein Style, der schnell gemacht ist, wenn er aus richtig kleinen Strängen geflochten wird. Aber es entsteht ein eleganterer Zopf, je kleiner die Strähnen beim Flechten sind. Schauen Sie sich auch den „messy" Fischgrätenzopf auf der folgenden Seite an!

„messy" Fischgrätenzopf

Auf der vorherigen Seite haben wir gezeigt, wie ein trendiger Fischgrätenzopf geflochten wird. Mit einem kleinen Trick bekommt der Fischgrätenzopf einen lässigen Look, der sich für alle Anlässe eignet. Das Wort „messy" kommt aus dem Englischen und bedeutet unordentlich.

1 Flechten Sie einen Fischgrätenzopf nach der Anleitung auf der vorherigen Seite.

2 Ziehen Sie mit Daumen und Zeigefinger den fertigen Fischgrätenzopf auf seiner ganzen Länge etwas auf. An den Rändern können auch kleinere Strähnchen lose herausgezogen werden. Den Zopf können Sie so weit verbreitern, wie Sie möchten.

TIPP

Versuchen Sie, einen Knotenzopf und einen Fischgrätenzopf miteinander zu kombinieren. Vor allen wenn der Fischgrätenzopf größer und lockerer wird, bleibt der Haargummi super unter den Haaren versteckt und der große Fischgrätenzopf beginnt unter den Haaren.

Vier- und fünfteilige Zöpfe

Die in diesem Kapitel gezeigten vier- und fünfteiligen Zöpfe werden mit derselben Technik geflochten wie die traditionellen französischen und holländischen Zöpfe. Der Style des Zopfes ändert sich jedoch entscheidend, wenn man eine oder zwei Strähnen hinzufügt.

Unter diesen Zöpfen befindet sich auch mein absoluter Favorit, der vierteilige französische Zopf. Mit seinen verschiedenen Varianten ist er leicht zu erlernen. Vor allem sieht er sehr festlich aus und ist eine vielseitige Frisur. Etwas einfacher als die hier beschriebenen vierteiligen Zöpfe sind der 3D-Zopf, der für den Pferdeschwanz geeignet ist (Seite 40-41), und der vierteilige lässige Pferdeschwanz (Seite 36-37).

Vierteiliger französischer Zopf

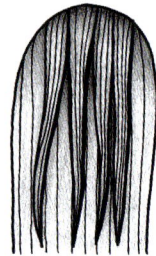

1 Teilen Sie vom Scheitel eine Haarpartie ab und teilen Sie sie in vier Strähnen.

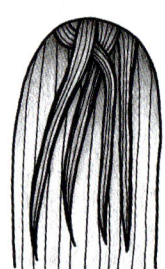

2 Führen Sie die linke Strähne zunächst unter die danebenliegende Strähne und weiter über die nächstfolgende Strähne. So endet sie an zweiter Position von rechts.

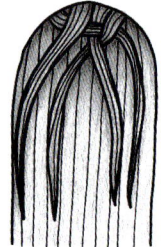

3 Führen Sie die rechte Strähne zunächst über die danebenliegende Strähne und weiter unter die folgende Strähne. So endet sie an zweiter Position von links.

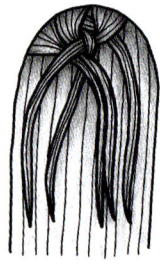

4 Flechten Sie entsprechend der Schritte 2 und 3 weiter, indem Sie künftig jedes Mal der zu führenden Strähne Haare hinzufügen.

5 Wenn alle Haare in den Zopf eingeflochten sind, können Sie bis zu den Spitzen weiterflechten. Binden Sie den Zopf zum Schluss mit einem Haargummi zusammen.

TIPP

Wenn der Zopf schräg zum Haar geflochten wird, wie auf dem Foto zu sehen ist, kann das Aussehen des Zopfes mit einem einfachen Trick leicht verändert werden. In dieser Anleitung wird die linke Strähne zunächst unter die benachbarte Strähne und über die rechte Strähne geführt, aber Sie können auch von links über und von rechts unter die Strähne flechten, und ihr Ergebnis so verändern.

Vierteiliger Halbzopf

1 Teilen Sie an der Schläfe eine Haarpartie ab und unterteilen Sie sie in vier Strähnen.

2 Führen Sie die obere Strähne zunächst unter die danebenliegende Strähne und weiter über die folgende. So endet sie auf der zweiten Position von unten.

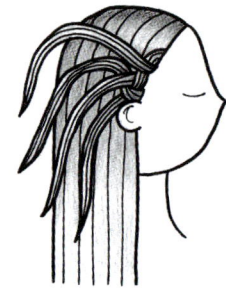

3 Führen Sie die untere Strähne zunächst über die danebenliegende Strähne und weiter unter die nächstfolgende. So endet sie auf der zweiten Position von oben.

4 Wiederholen Sie Schritt 2 und nehmen Sie ein paar Haare mit hinzu. Wiederholen Sie Schritt 3, fügen Sie der zu führenden Strähne aber keine Haare hinzu.

5 Fahren Sie mit dem Flechten fort, indem Sie nur von der einen Seite Haare hinzunehmen, bis Sie das andere Ohr erreichen. Befestigen Sie den Zopf zum Schluss mit einem kleinen Haargummi.

TIPP

Der Haargummi kann zum Beispiel durch Blumenschmuck oder eine Schleife versteckt werden. Wenn Sie die Strähnen aus der Frisur auseinanderziehen (Seite 22-23), wirkt die Frisur noch festlicher. Achten Sie darauf, dass einer Strähne überhaupt keine Haare zugefügt werden, sodass die als erstes abgeteilten Haare bis zum gewünschten Befestigungspunkt reichen können. Bei kürzeren Haaren kann von beiden Schläfen aus geflochten und der Zopf im Nacken mit einem Haargummi befestigt werden.

Fünfteiliger holländischer Zopf 1

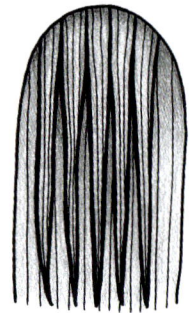

1 Teilen Sie vom Scheitel eine Partie ab und unterteilen Sie sie in fünf Strähnen.

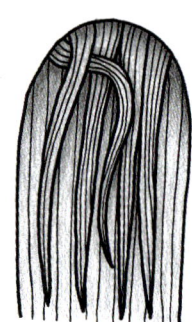

2 Führen Sie die linke Strähne zunächst unter die danebenliegende und sofort über die nächstfolgende Strähne, sodass sie in der Mitte liegt.

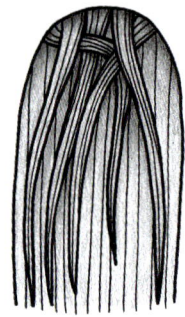

3 Führen Sie die rechte Strähne zunächst unter die danebenliegende und sofort über die nächstfolgende Strähne. Jetzt befindet sich diese Strähne wiederum in der Mitte.

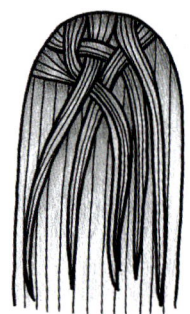

4 Führen Sie erneut die linke Strähne unter die danebenliegende und über die nächstfolgende Strähne, nehmen Sie dieses Mal aber Haare in die zu führende Strähne auf.

5 Wiederholen Sie das Muster, indem Sie jedes Mal Haare in die zu führende Strähne aufnehmen.

6 Wenn Sie am Nacken angelangt sind, können Sie die restlichen Haare zum Pferdeschwanz zusammenbinden oder bis zu den Spitzen weiterflechten.

TIPP *Der fünfteilige holländische Zopf erfordert viel Übung. Verlieren Sie nicht den Mut, wenn es nach den ersten Versuchen nicht gleich klappt! Diesen Zopf kann man wirklich eindrucksvoll auseinanderziehen, denn die mittleren Strähnen halten den Zopf gut zusammen, auch wenn die äußeren Strähnen aus dem fertigen Zopf größer und voluminöser herausgezogen werden.*

Fünfteiliger holländischer Zopf 2

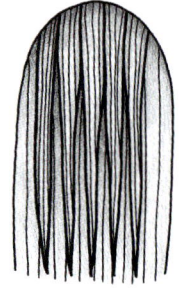

1 Teilen Sie vom Scheitel eine Partie ab und unterteilen Sie sie in fünf Strähnen.

2 Führen Sie die linke Strähne zunächst unter die danebenliegende, sofort über die folgende und weiter unter die nächstfolgende Strähne, sodass sie an zweiter Position von rechts liegt.

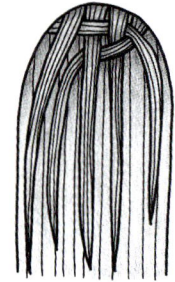

3 Führen Sie die rechte Strähne zunächst unter die danebenliegende, sofort über die folgende und weiter unter die nächstfolgende Strähne, sodass sie an der zweiten Position von links liegt.

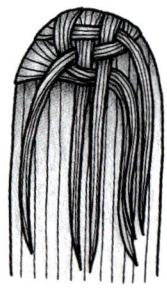

4 Führen Sie erneut die linke Strähne unter die danebenliegende, über die folgende und weiter unter die nächstfolgende Strähne, nehmen Sie dieses Mal aber Haare in die zu führende Strähne hinzu.

5 Wiederholen Sie das Muster, indem Sie jedes Mal Haare in die zu führende Strähne hinzunehmen.

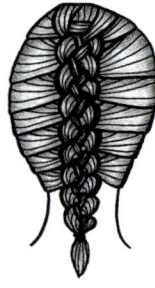

6 Am Nacken können Sie die restlichen Haare zum Pferdeschwanz zusammenbinden oder bis zu den Spitzen weiterflechten.

TIPP *Bei diesem fünfteiligen Zopf gibt es zwei in der Mitte verlaufende Strähnen, in die keine Haare aufgenommen werden. Auch dieser Zopf sieht toll aus, wenn man ihn auseinanderzieht, wie den fünfteiligen Zopf auf der vorherigen Seite. Bei dieser Variante kommt der Größenunterschied der Strähnen mehr denn je zur Geltung, wenn die äußeren Strähnen auseinandergezogen werden.*

Zöpfe
mit
Bändern

Besonders auffällig sind Zöpfe, die mit Bändern geflochten werden. Das Schönste an diesen Zöpfen ist, dass Farben und Stil variieren können. Der Zopf passt zu vielen Ensembles oder zu festlichen Anlässen: im Sommer mit einem Blumenband und zu Weihnachten mit einem roten Band mit weißen Punkten. Der Phantasie sind keine Grenzen gesetzt!

Für Zöpfe mit Bändern sollten textile Materialien mit einer Breite von etwa 5 bis 20 Millimeter verwendet werden. Bei einigen Zöpfen kann das Band aber auch noch breiter sein. Die Qualität der Bänder spielt keine Rolle. Sehr raue Bänder, zum Beispiel Paillettenbänder, sind jedoch schwieriger einzuarbeiten als glattes Satinband.

Wenn Sie Bänder in einem Textilgeschäft kaufen, reicht für gewöhnlich eine Länge von etwa einem bis anderthalb Meter. Sie können also sehr günstig ganz viele Farben, Muster und Styles finden.

Loony-Braid mit Band

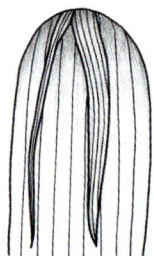

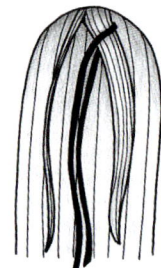

1 Teilen Sie vom Scheitel eine Partie ab und unterteilen Sie sie in zwei unterschiedlich große Strähnen, sodass die eine dick und die andere ganz dünn ist.

2 Nehmen Sie ein etwa 1,5 Meter langes Band und falten Sie es zur Hälfte. Legen Sie die Faltstelle um die dickere Strähne, sodass das doppelte Band eine Strähne zwischen den Haaren bildet.

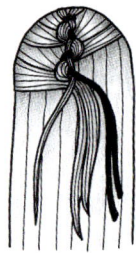

3 Beginnen Sie mit dem Flechten eines holländischen Zopfes (Seite 20-21), fügen Sie aber immer nur zur dicken Strähne Haare hinzu. Die Haare werden so nur bei jedem dritten Mal hinzugenommen.

4 Binden Sie den Zopf an der von Ihnen gewünschten Stelle mit einem Haargummi ab und ziehen Sie die dicke Strähne groß (Seite 22-23).

TIPP

Bei diesem Zopf verläuft das Band unter dem Zopf und die dünne Strähne liegt auf dem Zopf. Wenn Sie das Band um die dünne Strähne legen, bevor Sie mit dem Flechten beginnen, verläuft das Band auf dem Zopf. Ist das Band lang, kann es nach der Befestigung des Zopfes zu einer Schleife gebunden werden. Sie lässt sich zum Schluss auf die gewünschte Länge schneiden. Das Band sollte etwas schräg geschnitten werden, damit es nicht so leicht ausfranst wie ein gerade geschnittenes Band.

Korsettzopf

1 Teilen Sie die Haare an der Kopfmitte. Flechten Sie auf beiden Seiten jeweils einen holländischen Zopf (Seite 20-21) schräg, sodass sie sich im Nacken treffen. Befestigen Sie die Zöpfe mit zwei Haargummis.

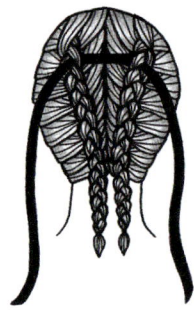

2 Nehmen Sie ein etwa ein Meter langes Textilband und fädeln Sie es an den Zopfansätzen vom Scheitel aus durch den Zopf nach außen. Führen Sie das andere Ende des Bandes in den Zopf und fädeln Sie es ebenfalls vom Scheitel aus durch den Zopf.

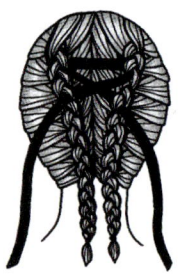

3 Ziehen Sie das Band gerade, sodass seine Mitte auf dem Scheitel liegt. Kreuzen Sie die Bandenden und fädeln Sie sie etwas tiefer, auf beiden Seiten in gleicher Höhe, erneut durch die Zöpfe.

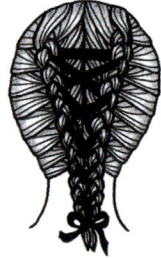

4 Wiederholen Sie das Einfädeln des Bandes so oft Sie möchten – entweder bis zum Nacken oder zu den Spitzen des Zopfes – und binden Sie die Enden der Bänder zum Schluss zu einer Schleife.

TIPP

Das Band sollte in der Regel etwa durch jedes zweite Zopfglied gefädelt werden, so sieht die Flechtfrisur von weitem aus wie ein Korsett und gleichzeitig schauen die Haare trotzdem unter dem Band hervor.

Fünfteiliger Zopf mit Band

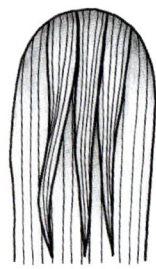

1 Teilen Sie vom Scheitel eine Partie ab und teilen Sie sie dann in drei Strähnen.

2 Legen Sie um die mittlere Strähne zwei Bänder unterschiedlicher Farbe nebeneinander zwischen die zweite und dritte Strähne.

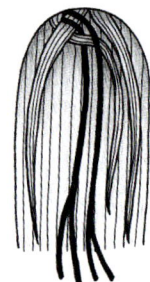

3 Führen Sie die linke Strähne zunächst unter die danebenliegende Strähne, über das erste Band und weiter unter das zweite Band. So befindet sie sich an der zweiten Position von rechts.

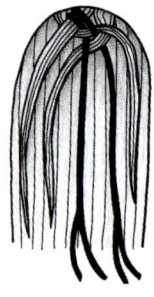

4 Führen Sie die rechte Strähne unter die danebenliegende Strähne, über das erste Band und weiter unter das zweite Band. So befindet sie sich an der zweiten Position von links.

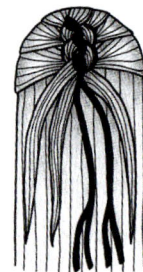

5 Wiederholen Sie das Muster, beginnen Sie aber damit, zur führenden Strähne Haare hinzuzunehmen.

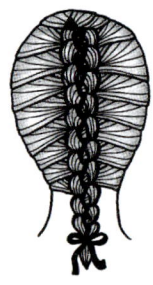

6 Wenn die Haare eingeflochten sind, können Sie den Zopf mit einem Haargummi zum Pferdeschwanz binden oder bis zu den Spitzen weiterflechten.

TIPP

Der fünfteilige Zopf mit Band lässt sich auf mehrere Arten flechten. Die leichteste Art ist, ein Band zu nehmen und die beiden Seiten des Bandes als eigene Strähnen zu verwenden. Der fünfteilige Zopf mit Band bietet auch eine gute Möglichkeit, mit Farben zu spielen. Auf dem Foto sind zwei verschiedenfarbige Bänder verwendet worden. Die kürzeren Bänder können, ohne sie zu falten, mit Klemmen oder einem kleinen Haargummi unter den Haaren befestigt werden.

Twistzopf mit Band

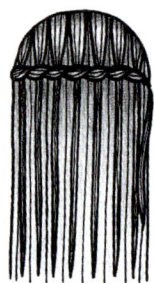

1 Flechten Sie quer in der Waagerechten den ersten Twistzopf (Seite 84-85) und befestigen Sie ihn mit einem kleinen Haargummi.

2 Befestigen Sie das Band mit einem Haarclip unterhalb des ersten Twistzopfs, so dass die durch den Zopf kommenden Strähnen über dem Band verlaufen.

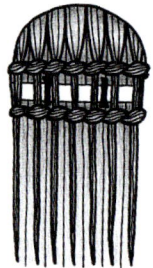

3 Flechten Sie unterhalb des Bandes einen zweiten Twistzopf, indem Sie die vom ersten Zopf kommenden Strähnen durch den Zopf fädeln. Befestigen Sie ihn mit einem Haargummi.

4 Ersetzen Sie die das Band haltenden Clips durch Klemmen. Wenn das Band nun endgültig befestigt wird, verschwinden die Klemmen unter den fertigen Zöpfen.

TIPP

Höhe und Lage von Twistzöpfen können ganz einfach angepasst werden, sodass Sie sich keine Gedanken machen müssen, wenn beim Flechten einer der beiden Zöpfe nicht ganz fest am Band sitzt. Versuchen Sie auch einmal, zwischen die Zöpfe zwei etwas längere Bänder übereinander zu legen, wobei Sie sie als Schleife in die Haarsträhnen binden können und somit keine Klemmen erforderlich sind.

Vierteiliger Zopf mit Band

1 Teilen Sie an der Schläfe eine Partie ab und teilen Sie sie in drei Strähnen.

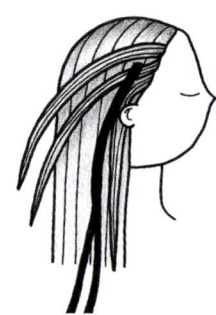

2 Falten Sie ein etwa 1,5 Meter langes Band zur Hälfte und legen Sie es um die mittlere Haarsträhne. Aus dem doppelten Band wird so eine Strähne zwischen den Haaren.

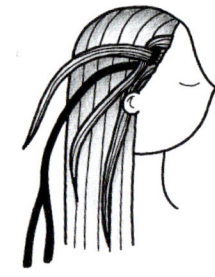

3 Beginnen Sie mit dem Flechten eines vierteiligen französischen Zopfes (Seite 54-55). Führen Sie die obere Strähne unter die danebenliegende Strähne und weiter über das Band.

4 Führen Sie die untere Strähne über die obere und weiter unter das Band.

5 Wiederholen Sie das Muster, nehmen Sie aber jedes Mal Haare in die zu führende Strähne hinzu. Denken Sie daran, dass das Band nie an den Rand geführt wird.

6 Flechten Sie in Richtung des anderen Ohres und befestigen Sie den Zopf zum Schluss mit einem Haargummi.

TIPP

Den vierteiligen Zopf mit Band kann man, wie in der Anleitung beschrieben, als französischen Zopf flechten, aber auch als halben französischen Zopf. Dann werden die Haare nur von oben hinzugenommen und ein Teil der Haare bleibt offen. Versuchen Sie auch einmal, mit einem richtig breiten Band zu flechten, dann sieht die Form des Zopfes ganz anders aus!

Festliche Zöpfe

ast jeder Zopf eignet sich sowohl für den Alltag als auch für Feste. In dieses Kapitel sind jedoch einige besonders festliche Zopf-Styles aufgenommen worden. Mit den verschiedenen Wasserfallzöpfen ist man zum Beispiel immer auf der sicheren Seite, egal welches Fest ansteht. Von den immer modernen Wasserfallzöpfen lassen sich unendlich viele Varianten kreieren und leicht mit anderen Zöpfen kombinieren, zum Beispiel mit Hochsteckfrisuren. Außerdem eignen sie sich auch für kürzere Haare.

Dieses Kapitel enthält auch die Favoriten von Maisa und Kerttu, die auf Bitten der Mädchen nur bei festlichen Anlässen geflochten werden.

Wasserfallzopf

1 Teilen Sie von der Schläfe eine Partie ab und teilen Sie sie in drei Strähnen.

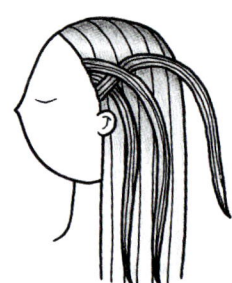

2 Führen Sie zunächst eine Strähne einmal von unten und einmal von oben unter die mittlere Strähne, ohne Haare hinzuzunehmen.

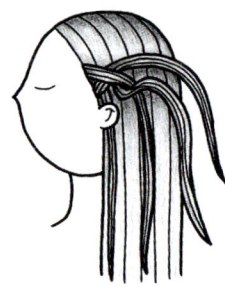

3 Lassen Sie die untere Strähne hängen und nehmen Sie statt ihrer eine gleich große Strähne von unten auf und führen Sie sie über die mittlere Strähne.

4 Von oben wird geflochten wie bei einem französischen Zopf. Führen Sie also die oben liegende Strähne zur mittleren und nehmen Sie dafür einige Haare mit.

5 Wiederholen Sie das Muster, indem Sie die untere Strähne hängen lassen, eine weitere Strähne von unten aufnehmen und von oben Haare in den Zopf hinzunehmen.

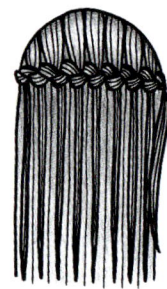

6 Befestigen Sie den Zopf zum Schluss mit einem kleinen durchsichtigen oder haarfarbenen Haargummi.

Der Wasserfallzopf ist eine der schönsten Flechtfrisuren, aber er hält nicht sehr lange, denn die Haare beginnen sich leicht aus dem Scheitel herauszulösen. Vor allem bei kleinen Kindern sind andere Zöpfe weitaus geeigneter. Auch bei Erwachsenen ist es empfehlenswert, den fertigen Wasserfallzopf mit Haarlack zu fixieren.

Kleiner Schleifenzopf

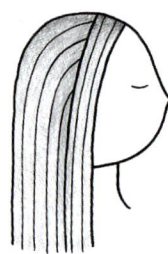

1   Scheiteln Sie die Haare zu einer Seite und teilen Sie von der Stirn entlang des Haaransatzes eine etwa 5 cm breite Partie ab.

2   Flechten Sie von der Stirn bis zur abgeteilten Partie einen französischen Zopf (Seite 18–19), der bis über das Ohr reicht. Befestigen Sie ihn mit einem kleinen Haargummi.

3   Nehmen Sie eine aufgebogene Haarnadel und stecken Sie sie mit der Öse von vorn etwa bis zur Mitte durch die oberste Schlaufe des Zopfes.

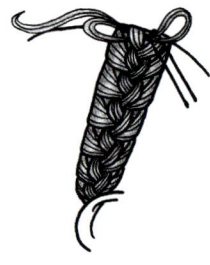

4   Nehmen Sie die neben dem Scheitel liegende Strähne und legen Sie sie doppelt. Ziehen Sie die entstandene Schlaufe mit der Nadel durch den Zopf, sodass auch auf der Vorderseite eine Schlaufe entsteht.

5   Entfernen Sie die Haarklemme und lassen Sie die Schwänze der entstandenen Schleife in Richtung des französischen Zopfes hängen. Die folgenden kleinen Schleifen liegen darüber.

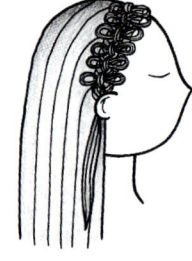

6   Wiederholen Sie die Schritte 3 bis 5 bis zum Zopfende. Fädeln Sie die Schleife immer durch die Schlaufe auf der Scheitelseite. Befestigen Sie die aus der Schleife heraushängenden Haare mit einem Haargummi an der Stelle, an der sich der ursprüngliche Zopf befindet.

TIPP

Die kleinen Schleifen bleiben etwas locker, auch im fertigen Zopf. Deshalb lassen sie sich auch im Nachhinein in die gleiche Größe und Form bringen. Zum Schluss empfiehlt es sich, die Schleife und den Zopf mit Haarlack zu fixieren, damit die Schleifen schön in Form bleiben.

Twistzopf

1 Teilen Sie von der Schläfe eine Partie ab und teilen Sie sie in zwei Strähnen.

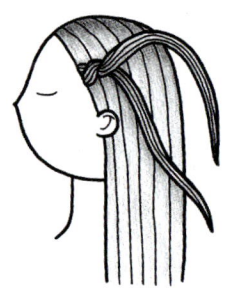

2 Führen Sie die Strähnen übereinander und wiederholen Sie dies sofort ein zweites Mal, um den Zopfansatz zu stabilisieren. Denken Sie daran, immer in die gleiche Richtung zu „twisten".

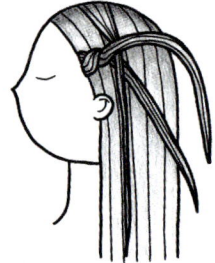

3 Nehmen Sie eine Strähne vom Scheitel auf und fädeln Sie sie durch die zwei zu drehenden Strähnen. Haare werden dabei nicht hinzugenommen, sondern nur durchgefädelt und hängen frei.

4 Legen Sie die getwisteten Strähnen übereinander, allerdings nur noch einmal, und fädeln Sie die nächste Strähne hindurch.

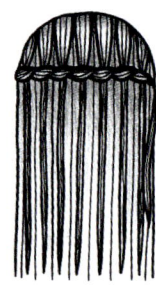

5 Wiederholen Sie das Muster und befestigen Sie den Zopf zum Schluss mit einem kleinen Haargummi.

TIPP

Da beim Twistzopf keine Haare hinzugenommen werden, müssen die Haare, die von der Schläfe genommen werden, immer bis zum Befestigungspunkt reichen. Wenn die Haare kürzer sind, kann man beim Twistzopf an beiden Schläfen beginnen und sie mit demselben Haargummi hinten in der Mitte befestigen. Die Flechtfrisur erhält eine besondere Note, wenn am Haargummi eine Schleife oder eine Blume befestigt wird.

Durchgezogener Zopf

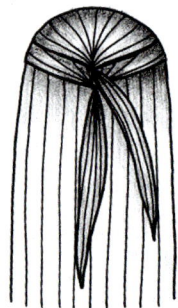

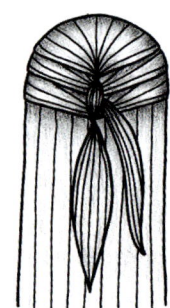

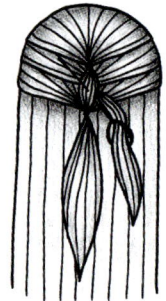

1 Binden Sie am Scheitel zwei Pferdeschwänze übereinander und befestigen Sie sie jeweils mit einem kleinen durchsichtigen oder haarfarbenen Haargummi.

2 Binden Sie unter den beiden Pferdeschwänzen einen dritten. Nehmen Sie dafür auch die Haare des ersten Pferdeschwanzes dazu.

3 Ziehen Sie den zweiten bzw. mittleren Pferdeschwanz durch den gerade entstandenen Pferdeschwanz hindurch. Hierbei ist ein Haarlasso eine gute Hilfe.

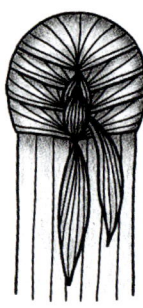

4 Binden Sie einen vierten Pferdeschwanz und befestigen Sie an ihm auch die Haare des zweiten Pferdeschwanzes, den Sie in Schritt 3 durchgezogen haben.

5 Ziehen Sie den dazwischen liegenden dritten Pferdeschwanz durch den neuen und befestigen Sie ihn an dem fünften Pferdeschwanz. Wiederholen Sie das bis zu den Haarenden.

6 Ziehen Sie den durchgezogenen Zopf etwas auseinander, damit er größer und voluminöser wird, indem Sie von den Rändern aus an den Strähnen ziehen.

TIPP *Wird der Zopf nach dem Auseinanderziehen mit etwas Haarlack fixiert, sieht der durchgezogene Zopf richtig groß und voluminös aus. Auch dünnere Haare kommen dadurch toll zur Geltung und der Zopf wird wirklich schick und festlich. Wenn Sie möchten, können Sie diesen Zopf auch zwischen zwei Scheiteln flechten und die restlichen Haare anschließend zum Pferdeschwanz binden.*

Leiterzopf

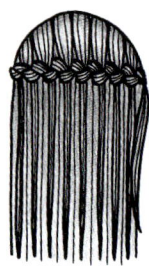

1 Flechten Sie zunächst einen Wasserfallzopf (Seite 80-81) und befestigen Sie ihn mit einem kleinen durchsichtigen bzw. haarfarbenen Haargummi.

2 Beginnen Sie mit dem Flechten einen französischen Zopfes (Seite 18-19) an demselben Ohr, an dem Sie mit dem Wasserfallzopf begonnen haben. Nehmen Sie von oben immer die Strähne zum Zopf dazu, die durch den Wasserfallzopf fällt.

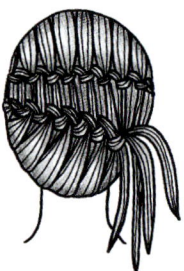

3 Nehmen Sie in den Zopf von unten nach und nach alle im Nacken liegenden Haare auf.

4 Wenn Sie in den französischen Zopf die letzte Strähne des Wasserfallzopfes hinzugenommen haben, können Sie bis zu den Zopfspitzen weiterflechten. Befestigen Sie den Zopf abschließend mit einem Haargummi.

TIPP

Den Leiterzopf können Sie auch dann flechten, wenn die Haare nur bis zur Schulter reichen. Vor allem bei kürzeren Haaren können Sie den herkömmlichen Zopf unter dem Zopf verstecken oder ihn mit Klemmen feststecken. Bei längeren Haaren lässt er sich zum Dutt drehen und mit Klemmen als Blumenschmuck neben dem Ohr befestigen.

Bubble-Blasenzopf

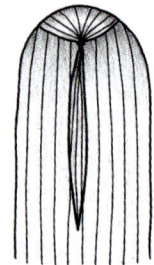

1 Teilen Sie vom Scheitel eine Partie ab und binden Sie sie mit einem kleinen Haargummi zum Pferdeschwanz.

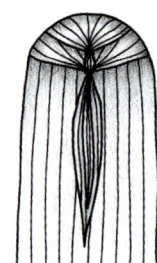

2 Nehmen Sie von beiden Seiten eine Strähne oberhalb des Ohres und binden Sie einen kleinen Pferdeschwanz unter dem bereits vorhandenen.

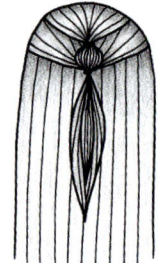

3 Ziehen Sie die Haarsträhne zwischen den Haargummis auf jeder Seite soweit heraus, dass sie die Form einer Blase erhalten.

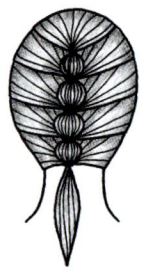

4 Wiederholen Sie das Muster in Richtung Nacken, bis alle Haare eingeflochten sind.

5 Sie können den Zopf bis in die Spitzen fortsetzen und die Strähnen zwischen den Gummis auf dieselbe Weise in Form einer Blase herausziehen.

Der Bubble-Blasenzopf ist einfach und festlich zugleich. Die Haargummis kann man für einen coolen oder crazy Style auswählen und nach verschieden farbigen Haargummis suchen. Die Haargummis können auch versteckt werden, indem nach der Befestigung des Pferdeschwanzes die Haare einer kleinen Strähne genommen und um den Haargummi gewickelt werden. Den Rest kann man zum Beispiel mit einem Haarlasso durch den Haargummi fädeln.

Schleifendutt

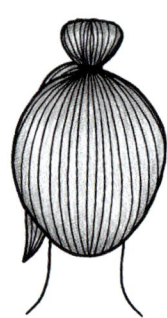

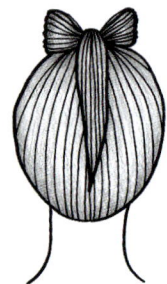

1 Kämmen Sie alle Haare zum Scheitel und binden Sie sie mit einem festen Haargummi zusammen.

2 Wenn Sie die Haare das letzte Mal durch den Haargummi ziehen, ziehen Sie nur eine kleine Schlaufe heraus und lassen Sie die restlichen Haare vor dem Gesicht hängen.

3 Teilen Sie die entstandene Schlaufe in zwei Teile und legen Sie die vor dem Gesicht hängenden Haare zwischen die Teile über den Haargummi nach hinten.

4 Teilen Sie die über dem Pferdeschwanz liegende Strähne in zwei Teile und legen Sie sie über kreuz.

5 Verknoten Sie die Haare um den Haargummi herum am Ansatz des Duttes und befestigen Sie sie dahinter mit zwei Klemmen.

Längere Haare können in der Schleife versteckt werden. Versuchen Sie einmal, einen französischen oder holländischen Zopf vom Nacken nach oben zu flechten und zum Schluss einen Dutt auf dem Scheitel zu binden.

Danksagung

Bedanken möchte ich mich bei meinen Töchtern Maisa und Kerttu, an deren Begeisterung für das Flechten von Zöpfen nun auch viele andere teilhaben dürfen. Ein großes Dankeschön gebührt ihnen auch dafür, dass die Aufnahmen für das Buch wie ein Traum waren. Für die Aufnahmen boten die schöne Stadt Rauma, ihre Gebäude und Straßen einen großartigen Rahmen.

In die lobenden Worte im Zusammenhang mit den Aufnahmen muss auch Frau Manner eingeschlossen werden, in deren kleinen Reihenhaushotel wir unser Hauptquartier aufschlagen durften. Sie können sich vorstellen, in welch einem Chaos wir in einem kleinen Hotelzimmer oder auch in unserem eigenen Zuhause in folgender Zusammensetzung gelebt hätten: die Grafikerin Anna-Mari, die Fotografin Anna, der Vater und zwei Töchter, über fünfzig verschiedene Kleidungsstücke sowie eine unglaubliche Menge an verschiedensten Haarutensilien. Wir brauchten Platz und bekamen ihn!

Für die Ausleihe der Requisiten für die Fotos geht ein herzlicher Dank an

Stockmann: Kleidung und Sonnenbrillen der Mädchen Minna goes magnolia, deren Cupcakes schließlich genau von den Richtigen verspeist wurden!

Und mein Dank geht an Euch, liebe Freunde, die Ihr dieses Buch lest oder unsere Haargeschichten im Blog, bei Instagram oder Facebook verfolgt. Ihr seid so viele, was der Begeisterung für die Sache noch einen weiteren Aufschwung verliehen hat.

Zu guter Letzt, aber nicht minder herzlich danke ich meiner Frau Miia, die bei dem ganzen Rummel um die Haare zuweilen um die verdiente Aufmerksamkeit gekommen ist. Danke für Deine Unterstützung.

Danke für die Zusammenarbeit

Buchempfehlungen für dich

ISBN 978-3-7358-9114-3

ISBN 978-3-7724-7190-2

ISBN 978-3-7724-4473-9

ISBN 978-3-7724-4398-5

ISBN 978-3-7724-7873-4

ISBN 978-3-7724-7810-9

ISBN 978-3-7724-4397-8

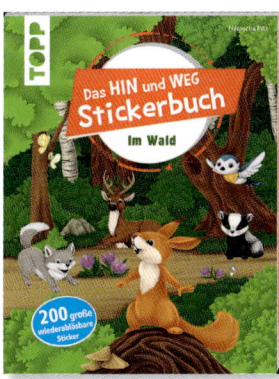

ISBN 978-3-7724-4978-9

ISBN 978-3-7724-8423-0

ISBN 978-3-7358-9102-0

ISBN 978-3-7724-7493-4

ISBN 978-3-7724-7494-1

Kreativ-Bücher findest du auf www.TOPP-kreativ.de

Impressum

© 2018 der deutschen Ausgabe: frechverlag GmbH, Dieselstraße 5, 70839 Gerlingen, einem Unternehmen der Penguin Random House Verlagsgruppe GmbH, München

ÜBERSETZUNG: Petra Sauerzapf-Poser
PRODUKTMANAGEMENT UND LEKTORAT: Juliane Voorgang
HERSTELLUNG: Konstanze Laue
DRUCK: BALTO print, Litauen

Original Titel: Isin ja tyttöjen lettikirja
© Matti Airola, 2015
Fotos: © Anna Autio, 2015
Illustrationen: © Anni Virtanen, 2015
Grafische Gestaltung: Anna-Mari Tenhunen
Veröffentlicht im Original auf Finnisch von Schildts & Söderströms
Veröffentlicht im Einverständnis mit der Helsinki Literary Agency (Helsinki, Finnland)

7. Auflage 2042
© 2018 frechverlag GmbH, Dieselstr. 5, 70839 Gerlingen, einem Unternehmen der Penguin Random House Verlagsgruppe GmbH, München
ISBN 978-3-7724-7830-7 • Best.-Nr. 7830

Penguin Random House
Verlagsgruppe FSC® N001967